LE
GÉNÉRAL DE CATHELINEAU

PORTE-ÉTENDARD

DE LA

REINE DES PROPHÈTES

« Ego diligentes me diligo. »
(SAP.)

Chrétiens, en avant, à la guerre
En avant ! En avant ! Contre et malgré Satan !
Bravons tous les maux de la terre !
En avant !... le Ciel... au vaillant !

LIMOGES
Mme J. DUMONT, IMPRIMEUR-LIBRAIRE
10, Place de la République, 10

1883

VIVE ✝ JÉSUS !

LE
GÉNÉRAL DE CATHELINEAU

PORTE-ÉTENDARD

DE LA

REINE DES PROPHÈTES

« *Ego diligentes me diligo.* »
(Sap.)

Chrétiens, en avant, à la guerre
En avant ! En avant ! Contre et malgré Satan !
Bravons tous les maux de la terre !
En avant !... le Ciel... au vaillant !

LIMOGES
Mme J. DUMONT, Imprimeur-Libraire
10, Place de la République, 10

1883

INTRODUCTION

Après lecture de nos deux opuscules intitulés :

« **Le Secret de la Salette et la Semaine Religieuse d'Amiens,** »

Et « **Encore un mot sur le Secret de la Salette,** »

le Général de Cathelineau a daigné nous écrire quelques réflexions que, sur nos vives instances, il nous a permis de publier.

Nous livrons donc, à nos lecteurs, cette lettre où l'âme ardente du chrétien et du héros se révèle au grand jour.

Nous en sommes sûrs, tous y verront, comme nous, un splendide monument élevé à la gloire de Notre-Dame de la Salette.

Le Capitaine de l'Immortel Pie IX, se faisant ainsi le porte-étendard de la Reine des Prophètes ; et venant la venger, à sa manière, des oppositions faites à l'œuvre de ses miséricordes : quel touchant et incomparable spectacle !...

Puisse ce rappel au bon sens, fait à notre pauvre société par un *Soldat-Apôtre*, être, à la fois, un soulagement pour les consciences catholiques ; et le présage du magnifique triomphe que Dieu réserve aux larmes de Marie, dans un avenir qui paraît bien loin, et qui peut-être est bien près !...

FIAT ! FIAT !

ERNEST RIGAUD,

Prêtre de N.-D. de la Salette
et premier vicaire de Saint-Pierre,
à Limoges.

Ce 16 mai 1883. — Anniversaire du 16 mai 1857.

O dulcissima Maria,
Quoad in terris degero,
Tuî, semper, memoria,
Et ad cœlos memor ero.

Mon bien cher Abbé,

Puissent ces quelques lignes vous fortifier dans la lutte incessante que vous soutenez pour l'honneur de notre Divine Mère !...

N'ayant pas l'honneur d'appartenir à cet illustre Corps des Oints du Seigneur, sacrés pour guérir les âmes, les éclairer et les diriger ; c'est avec crainte que je viens me mêler à leurs disputes ; car ils pourraient me répondre : « **Taisez-vous, profane !** »

Et pourtant, fils aussi dévoué à l'Eglise que soumis à ses enseignements, je ne puis me taire, quand je vois la Reine du Ciel, ma Mère bien-aimée, Celle qui, durant ma vie tout entière, n'a cessé de me combler de ses faveurs, quand je la vois, dis-je, attaquée dans l'exercice de ses plus hautes et de ses plus chères prérogatives !

Quand je vois fixer des bornes à son amour pour nous !...

A quoi bon, dit-on, ces apparitions de la Salette et de Lourdes ?

A quoi bon ces secrets confiés à de pauvres enfants, aussi inconscients qu'ignorants ?

Inconscients !... Ignorants !...

Est-ce dans le Sanctuaire du Temple de Jérusalem que le Sauveur est allé choisir ses apôtres ?

Est-ce parmi les savants ?

— Non !...

UN SEUL ÉTAIT LETTRÉ.

Dieu étant la Toute-Puissance, emploie pour arriver à ses fins, les moyens les plus simples.

Eh ! qui ne reconnaît pas qu'il est beaucoup plus facile de gagner un homme sans convictions acquises, que celui qui, enflé de sa science, discute et repousse ce qu'il ne connaît pas ?

Aussi, fallut-il des prodiges sur le chemin de Damas, pour arrêter Saul, le Persécuteur ; le ramener à la Vérité ; et en faire Paul, le Grand Apôtre des Nations.

Et, encore, sera-ce Pierre, l'ignorant devant les hommes, le simple pêcheur, qui sera choisi pour chef et guide de cette Divine Institution, que les plus ambitieux conquérants, les plus orgueilleux savants, ont pu combattre souvent, mais qu'ils n'ont jamais pu, ni confondre, ni affaiblir, et qui leur a toujours survécu.

Pourquoi l'humble et faible Bergère de Nanterre, choisie plutôt qu'un grand Général, pour arrêter Attila et ravitailler Paris ?

Pourquoi Jeanne d'Arc pour sauver la France ?

Pourquoi un simple paysan pour enfanter l'invincible Vendée ?

Ah !... pourquoi ?...

— Parce que Dieu, dans son infinie bonté, quand nous allons périr, veut encore augmenter notre foi dans sa puissance et sa miséricorde, en nous démontrant son intervention directe, par la faiblesse des instruments dont Il se sert pour notre Salut.

La Très-Sainte Vierge, en se confiant à de simples enfants, a suivi les errements divins.

1° *Devait-elle* se montrer à notre trop malheureuse Patrie ?

— Oui, sans doute : le vœu de Louis XIII lui avait confié les intérêts de la France.

Pouvait-elle l'oublier, pouvait-elle l'abandonner ?

2° *Pouvait-elle* nous annoncer les grands malheurs dont nous sommes atteints et ceux plus grands encore qui nous menacent ; et, pour cela, plonger dans les secrets de l'avenir et nous confier ses vues ?...

— Oui, sans doute ; c'est indiscutable.

3° Cette puissante et tendre Mère, *l'a-t-elle fait ?*...

— Oui, sans aucun doute encore. .

En effet, avant toute controverse qui pût compromettre qui que ce fût, il a été dit publiquement, écrit dans beaucoup de livres et dans la presse, que Maximin et Mélanie avaient reçu un secret de la Très-Sainte Vierge ; qu'ils avaient communiqué ce secret, au Saint et Immortel Pie IX.

Si le fait avancé et publié eût été faux, il eût été immédiatement démenti.

Or, il ne l'a pas été. Au contraire, des personnes dignes de foi attestent que Pie IX l'a reçu, et qu'il en fut vivement impressionné ;

Et Léon XIII, en couronnant la statue de l'Apparition, a reconnu l'honnêteté et la sincérité des deux pâtres.

4° Mais, plus tard, **ce secret,** qui, comme tel, devait rester inconnu aux peuples, pendant un certain temps, **devait-il être répandu?**

— LE BON SENS L'INDIQUE.

L'époque seule pouvait être réservée au Pape : *ce qui est arrivé pour le Secret de Maximin;* ou à ceux qui l'avaient reçu directement : *ce qui est arrivé pour le Secret de Mélanie.*

Toutefois, avant de publier son Secret, **en partie,** Mélanie consulte son Directeur, alors supérieur général des Chanoines Réguliers de Latran ;

Et avant de le publier **intégralement,** elle le soumet à Léon XIII, qui, après l'avoir lu, le soumet lui-même à ses cardinaux.

C'est après cela que paraît le secret **intégral.**

Le Pape reçoit cette publication et la sanctionne à nouveau, par un silence dont rien n'a pu le faire sortir ;

— Silence, cependant, que tout honnête homme n'eût pu garder en conscience, s'il n'eût pas donné son consentement, et si la teneur du Secret publié n'eût pas été, identiquement, la reproduction fidèle du Secret déposé entre les mains de Léon XIII et confié à Pie IX, en 1851.

Ici, pas d'embarras, pas de doute, pour tout esprit aussi simple que droit et sérieux.

Pourquoi donc toutes ces agitations, toutes ces controverses ?

— On craint, dit-on, le scandale pour les âmes faibles ; l'incrédulité des uns, le découragement des autres ?

— De toutes ces questions, où doit être le juge pour tout catholique ?

— **Sur la Chaire de Pierre**.

Or, il est mis en cause ce juge, et il ne parle pas.

Donc, il approuve ; et jusqu'à ce qu'il ait parlé, on doit croire au dépôt du Secret, et à la similitude de celui qui a été divulgué ;

5° Il est effrayant, ce Secret, dans les malheurs qu'il prédit ?

— Mais qui ne les voit s'accomplir et nous menacer de jour en jour, de plus en plus ?

Nous sommes entraînés sur le bord de l'abîme ; nous n'avons nulle autorité, pour nous arrêter et nous contenir dans nos excès.

Dieu est rejeté de notre Code ; la Religion est persécutée et repoussée ; les enfants sont enlevés à la fa-

·mille ; on veut les ravir au Christ, qui les a régénérés et engendrés, dans la foi qu'on veut détruire ;

Et devant toutes ces calamités, nous restons impassibles, sans énergie pour les détourner, sans force pour les repousser.

. . . .

. . . .

. . . .

Et en présence de ces malheurs publics, vous ne voulez pas que la Patronne de la France, sa Protectrice, apparaisse en pleurs, pour chercher à nous ressusciter; ou, tout au moins, à nous transformer par l'annonce des maux épouvantables qui nous menacent?...

Il n'y a donc plus de foi dans nos âmes !... plus d'amour dans nos cœurs !... plus de vie !... plus d'espérances !

Aimons-nous donc mieux périr que de croire ?

Aimons-nous mieux rester la risée du monde que reprendre énergie et courage ; et redevenir, avec **NOS ROIS TRÈS CHRÉTIENS,** la Fille aînée de l'Eglise?... la France forte et généreuse ? et la Reine des Nations ?...

Oh ! Sagesse humaine, tu vois bien le chancre qui nous ronge ; mais, dis-moi, où sont les remèdes ?

Tu comprends le danger ; mais tu n'espères le conjurer et tu t'anéantis dans le désespoir.

Crois à la Providence et au Surnaturel, et tu verras renaître, avec tes espérances, ta vigueur et ta vie.

Je vous demande pardon, mon cher Abbé, de ces longues réflexions que m'a suggérées la lecture de vos brochures, et vous envoie mes meilleurs sentiments... Courage !

CATHELINEAU.

8 mai 1883.

CONCLUSION

Après des accents si nobles, si patriotiques, si fran-
çais et si chrétiens, que tous s'écrient :

Gloire! Reconnaissance!

Amour!

à Notre-Dame de la Salette!

et vivent

les Croisés de Marie!

et

les Chevaliers du Sacré-Cœur!

UN NOTA BENE

Il nous arrive, de source très sure, que la lettre du cardinal Caterini, du 14 août 1880, a été gravement tronquée dans sa traduction et la publication qui en a été faite.

Pour l'instruction totale de ceux qui aiment la vérité totale, nous disons ici, qu'après ces mots :

« De retirer cet opuscule des mains des » fidèles, partout où la chose sera possi- » ble, »

Il y avait ces autres :

« Mais de le maintenir dans les mains des » ecclésiastiques, afin qu'ils en profitent. »

Donc maintenant, plus que jamais, la lettre du cardinal Caterini prouve péremptoirement **la vérité du secret.**

Mais : 1° Pourquoi l'avoir tronquée ?

2° Pourquoi s'en être fait une arme contre ceux qui croyaient au secret ?

3° Pourquoi s'être autorisé de cette lettre pour dire que le **secret de la divine Marie** n'était qu'**inepties, mensonges, extravagances?**

Pourquoi?... Pourquoi?... Pourquoi?...

Est-ce ainsi que l'on comprend la loyauté, la sincérité, dans notre beau pays de France?

Tant il est vrai que le secret n'est que trop vrai.

Hélas! la nature de l'opposition acharnée qui lui a été faite n'en est-elle pas, à elle seule, la plus éclatante preuve?

Deus misereatur

Nostri!...

FIN

Limoges, imp. Mme J. Dumont, place de la République, 10.